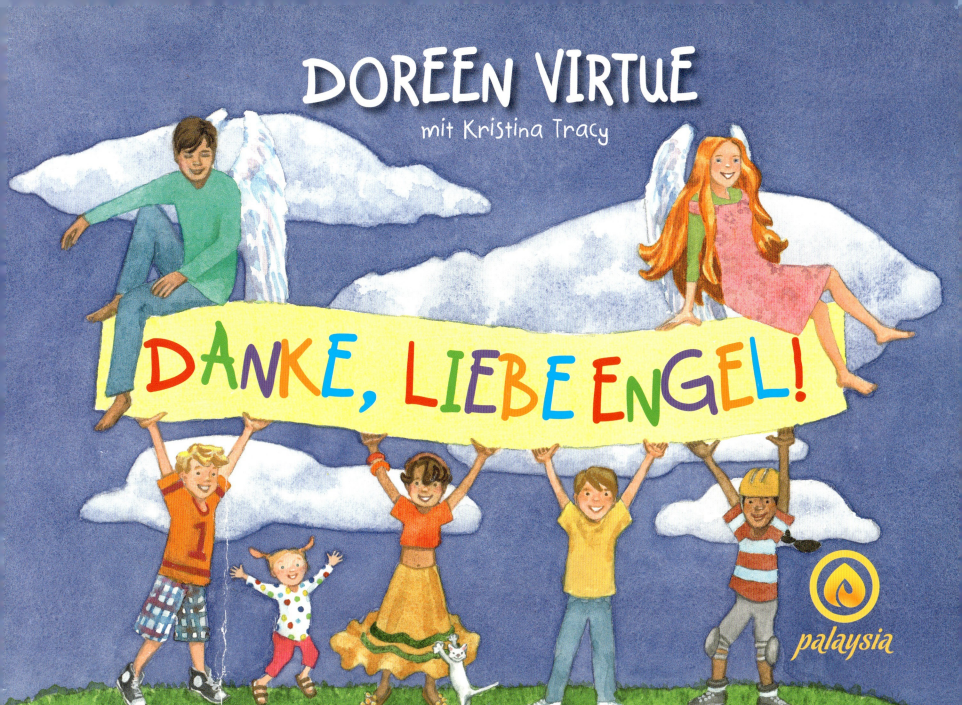

www.ENGELGOTTES.DE

Originaltitel: Thank you, angels
Copyright © 2007 by Doreen Virtue
Original English language publication in 2007 by Hay House Inc.

Deutsche Ausgabe © 2008-2012 Palaysia Verlag, Gronau, NRW, www.palaysia.de
3. Auflage 2012

Design: Jenny Richards   Illustrationen: Patricia Keeler   Übersetzung: Katrin Brait
Foto von Doreen: www.photographybycheryl.com

ISBN: 978-3-9811752-4-0

Dieses Werk ist urheberrechtlich geschützt. Nachdruck, Übernahme, Kopien, Übersetzungen, Übernahme von Abbildungen, Wiedergabe auf jegliche Weise, Speicherung in DV-Systemen, elektronischen Datenträgern oder auf jegliche andere Weise, wie auch Publikationen des Inhaltes im Internet oder anderen Kommunikationsdiensten, vollständig oder teilweise, sind ohne vorherige Zustimmung des Autors nicht erlaubt.

Dieses Buch ist vom Autor und Verlag mit der höchstmöglichen Sorgfalt zusammengestellt. Autor, Verlag und dessen Vertreter können jedoch auf keinerlei Weise die im Buch vermeldeten Informationen versichern. Weder der Autor, noch der Verlag, beziehungsweise dessen Vertreter können darum für jeglichen eventuellen Schaden an Personen, Tieren, Gegenständen oder Eigenschaften haften, die auf jegliche Weise das Resultat dieses Buches sind.

All rights reserved. No part of this book may be reproduced by any mechanical, photographic, or electronic process, or in the form of a phonographic recording; nor may it be stored in a retrieval system, transmitted, or otherwise be copied for public or private use—other than for "fair use" as brief quotations embodied in articles and reviews—without prior written permission of the publisher. The intent of the author is only to offer information of a general nature to help you in your quest for emotional and spiritual well-being. In the event you use any of the information in this book for yourself, which is your constitutional right, the author and the publisher assume no responsibility for your actions.

Palaysia Verlag ist eine Marke von Edith Marguérite Hagenaar Verlag

www.sunshineforthesoul.de

EIN PAAR WORTE VON DOREEN

Jedes Kind und jeder Erwachsene hat ständig Schutzengel bei sich. Auch jetzt sind Engel bei dir! Dieses Buch habe ich geschrieben, um dir von deinen Engeln zu erzählen und dir zu erklären, wie du mit ihnen in Kontakt kommst. Immer wenn du dich alleine fühlst oder fürchtest, können deine Engel dir helfen. Wenn du Schwierigkeiten mit deinen Hausaufgaben hast oder wenn du dich an Antworten von Testaufgaben erinnern möchtest, können deine Engel dir helfen. Wenn du dich mit deinem besten Freund gestritten hast oder jemand deine Gefühle verletzt hat, können deine Engel dir helfen.

In Wirklichkeit ist es so, dass deine Engel dir mit allem helfen können. Allerdings musst du sie darum bitten. Nur dann können sie dir helfen. Der Grund dafür ist, dass Gott jedem den so genannten Freien Willen gegeben hat. Das bedeutet, wir haben das Recht unsere eigenen Entscheidungen zu treffen. Engel hoffen darauf, dass du sie sehr oft um ihre Hilfe bittest, denn sie lieben dich und wollen, dass du glücklich, gesund und beschützt bist.

Denke also daran: Immer wenn du Hilfe nötig hast, wie auch immer die aussehen soll... rufe deine Engel!

Ruhen wir uns auf kuscheligen Wolken aus?

Oder spielen wir auf der Harfe?

Passen wir vom Himmel herab auf dich auf?

Natürlich tun wir diese Dinge manchmal! Wir sind ja immerhin Engel. Meistens jedoch passen wir auf Kinder wie dich auf. Unsere Arbeit führt uns über die ganze Welt und trotzdem können wir im Handumdrehen an deiner Seite sein. Du wärst wahrscheinlich sehr überrascht, wenn du wüsstest, was wir alles tun.

Zähle ruhig auf uns, wenn du Angst hast oder dir Sorgen machst, wir werden für dich da sein. Unseren Job verschlafen wir sicher nicht!

Wir können dir auch Mut machen, wenn du etwas Neues oder Spannendes ausprobierst.

Aber halt ... wir laufen uns ja selbst voraus! Zuerst solltest du einiges wissen über unsere Arbeitsmethoden.

Es ist ganz wichtig zu wissen, dass wir nicht beginnen können, ohne dass du oder jemand, der dich liebt, uns darum bittet! Ganz richtig! Engel sind nicht aufdringlich. Wir warten geduldig bist du uns rufst.

Es ist ein Kinderspiel uns zu erreichen. Du brauchst nur etwas wie: „Engel . . . bitte helft mir" zu sagen oder zu denken. Wir können dich hören, wie auch immer du uns rufst.

Auch ein „Lieber Engel"-Brief ist ein ausgezeichneter weg, um uns deine Wünsche mitzuteilen. wir haben zwar keine Briefkästen, aber wir erhalten die Botschaft auch so laut und deutlich!

Pass gut auf, es könnte sehr wohl ein Engel sein und seine Botschaft könnte dich sehr freuen!

Engel senden dir auch Zeichen, damit du sicher weißt, dass sie in deiner Nähe sind. Natürlich nicht wie Verkehrszeichen – ihre sind viel schöner. Schau zum Himmel – vielleicht siehst du ja eine engelförmige Wolke oder einen farbenprächtigen Regenbogen. Schau auf die Erde – diese weiße Feder ist nur für dich!

Jetzt, wo du weißt wie wir arbeiten, möchtest du vielleicht wissen: wie kann ein Engel mir helfen? Engel helfen dir jeden Tag auf alle möglichen Arten!

Zum Beispiel, musst du zum Zahnarzt und fürchtest dich davor, dann rufe uns!

Wir sind ständig an deiner Seite. Wir beruhigen dich und lassen dich wissen, dass alles gut gehen wird – beim Zahnarzt oder anderswo.

wir beschützen dich auch — wir sind deine himmlischen Superhelden! Wir können dich vor einem schnellen Bus retten, zwischen dich und eine Gefahr springen und dich mit beschützendem Licht umgeben. Es ist ein Vogel, es ist ein Flugzeug . . . es ist ein Engel!

Engel haben auch spezielle Heilkräfte. Bist du krank, oder jemand, den du kennst, dann rufe uns!
Übrigens...
wir können auch jedem deiner Tierfreunde helfen!

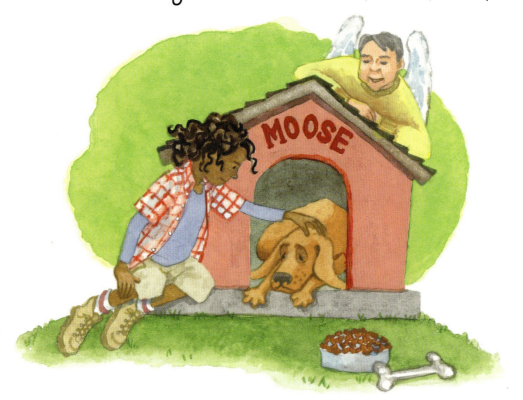

Es überrascht dich vielleicht, aber wir können dir sogar helfen, wenn du mit einem anderen Menschen Probleme hast. Zum Beispiel: wenn du dich mit einem Freund streitest, braucht ihr vielleicht nur einen Engel.

Engel verteilen ihre Liebe über euch beide, und dein Freund und du, ihr versteht euch dann besser und vertragt euch wieder. Mit einem Engel in der Nähe fühlt jeder sich in sekundenschnelle wieder besser!

Vergisst du viele Dinge? Mache dir keine Sorgen, das passiert jedem — jedem außer einem Engel, natürlich. Wenn du also jemand bist, der seinen Sturzhelm, sein Taschengeld oder die für den Test gelernten Wörter vergisst, frage uns! Wir freuen uns sehr, wenn wir mit einer freundlichen Erinnerung für dich da sein können, gerade dann, wenn du diese am meisten benötigst.

Nun, wie du sehen kannst, sind wir Engel ganz schön beschäftigt! Und wenn wir menschliche Hilfe benötigen, schicken wir vielleicht einen Menschen an unserer Stelle — jemanden, der den Auftrag hat, dir zu helfen. Vielleicht erkennst du sie:

Doktoren, Krankenschwestern, Bademeister . . .

Förster, Polizisten...

Feuerwehrleute, Sanitäter, Rettungshelfer.

Eines musst du dir auf alle Fälle merken. Wir lieben unseren Job — wir sind gerne für dich da. Wenn wir auf einen Tag zurückblicken, den wir mit dir verbracht haben, fühlen wir uns fantastisch! Du möchtest wissen, was wir dafür zurückerwarten? Nicht wirklich viel. Ein einfaches „Danke" ist schon genug.

„Danke, liebe Engel!"

Noch mehr über Engel . . .

Richte deine Aufmerksamkeit auf deine Gedanken und Gefühle – das ist deine Intuition und auf diesem Weg nehmen Engel Kontakt mit dir auf.

Erzengel sind die „Chefs" der Engelschar – jeder einzelne hat eine ganz spezielle Aufgabe. Nenne sie bei ihrem Namen, wenn du sie brauchst.

Auch ein anderer kann für dich einen Engel rufen. Oder du selbst rufst einen Engel für jemanden, um den du dich sorgst.

Erzengel Rafael ist verantwortlich für alles, was mit Heilung zu tun hat. Ihn kannst du rufen, wenn du krank bist oder dich verletzt hast.

Kein Problem ist zu groß oder zu klein für einen Engel!

Jeder hat einen Schutzengel. Dein Schutzengel ist bei dir, wenn du geboren wirst und bleibt immer an deiner Seite.

Erzengel Michael ist der stärkste und mächtigste aller Engel. Wenn du ihn rufst, gewährt er dir zu jeder Zeit Hilfe und Schutz.

Verbringe jeden Tag einige Zeit in Stille, um deinen Engeln zu zuhören.

Erzengel Raguel kann dir bei Problemen mit Freunden, Familienmitgliedern, Lehrern und anderen helfen.

Engel sind niemals zu beschäftigt, um dir zu helfen. Es ist sogar so, dass sie mehreren Personen gleichzeitig zu Hilfe kommen können!

wir hoffen, dass euch dieses Palaysia Buch gefallen hat, und möchten euch auf weitere Titel aus unserem Programm aufmerksam machen. Alle Bücher sind erhältlich in Ihrer Buchhandlung oder über: www.sunshineforthesoul.de

Für deine Eltern: Wünschst du dir auch jeden Monat eine tolle neue Affirmation, mit der du arbeiten kannst? Dann melde dich jetzt an über www.denkenistlenken.de und du bekommst *kostenlos* die **Affirmation des Monats**!